AF455690

GOUVERNEMENT GÉNÉRAL DE L'INDOCHINE

DÉCRET

du 27 décembre 1928

portant règlement de police sanitaire maritime aux colonies, pays de protectorat et territoires sous mandat rattachés au Ministère des Colonies (promulgué le 26 février 1929).

HANOI-HAIPHONG
IMPRIMERIE D'EXTRÊME-ORIENT

1929

Le Gouverneur général de l'Indochine, Commandeur de la Légion d'honneur,

Vu le décret du 20 octobre 1911, portant fixation des pouvoirs du Gouverneur général et organisation financière et administrative de l'Indochine ;
Vu le décret du 23 août 1928 ;
Vu le décret du 1er février 1902, relatif à la promulgation des actes officiels en Indochine ;
Vu le décret du 27 décembre 1928, portant règlement de police sanitaire maritime aux colonies, pays de protectorat et territoire sous mandat rattachés au Ministère des Colonies,

ARRÊTE :

Article unique. — Est promulgué en Indochine le décret susvisé, en date du 27 décembre 1928, portant règlement de police sanitaire maritime aux colonies, pays de protectorat et territoires sous mandat rattachés au Ministère des Colonies.

Hanoi, le 26 février 1929.

Par délégation :

Le Secrétaire général p. i.,
du Gouvernement général de l'Indochine,

GRAFFEUIL.

DECRET

Le Président de la République française,

Vu le rapport du Ministre des Colonies ;
Vu la loi du 3 mars [illegible] sur la police sanitaire ;
Vu la loi du 15 février 1902, relative à la protection de la santé publique ;
Vu la loi du 17 avril 1907, sur la sécurité de la navigation maritime, ainsi que le décret du 21 septembre 1908, rendu en exécution de ladite loi et modifié par les décrets des 10 avril 1909, 4 juillet 1914 et 16 septembre 1926 ;
Vu le décret du 7 juin 1919, modifié par celui du 10 juillet 1924, déterminant les conditions de recrutement et de nomination des fonctionnaires du Service sanitaire maritime, docteurs en médecine ;
Vu les décrets du 3 mars 1897, du 20 juillet 1899, du 16 décembre 1909 et du 7 juin 1922, portant règlement de police sanitaire maritime dans les colonies et pays de Protectorat ;
Vu le décret du 1er mars 1923, modifiant les articles 117, 119, 120, 121 du décret du 7 juin 1922 ;
Vu la convention sanitaire internationale du 21 juin 1926 ;
Vu le décret du 11 juin 1927, portant règlement de l'emploi de la T. S. F. pour la reconnaissance et éventuellement pour l'arraisonnement des navires de commerce ;
Vu le décret du 8 octobre 1927, réglementant la police sanitaire maritime en France et en Algérie,

DÉCRÈTE :

TITRE PREMIER

OBJET DE LA POLICE SANITAIRE...

Article premier. — Dans les colonies, les pays de protectorat et les territoires africains sous mandat, la police sanitaire maritime a pour objet, en exécution de la loi du 3 mars 1822 et des conventions internationales auxquelles a adhéré le Gouvernement de la République française :

a) — de prévenir l'importation, dans ces pays, des maladies pestilentielles ;

b) — d'assurer à bord des navires en station ou en transit, la prophylaxie de ces maladies et de toutes celles dont la déclaration est obligatoire, aux termes des actes qui y ont organisé la protection de la santé publique ;

c) — d'empêcher l'exportation hors du territoire, quand il est contaminé, des maladies visées dans la loi et dans les conventions précitées.

Art. 2. — Le choléra, la fièvre jaune, la peste, le typhus exanthématique et la variole sont les seules maladies pestilentielles qui, aux colonies, dans les pays de protectorat et les pays sous mandat, déterminent l'application de mesures sanitaires permanentes.

Cependant, les autorités sanitaires peuvent prendre des mesures prophylactiques spéciales à l'égard d'autres maladies graves, transmissives et importables, telles que la fièvre récurrente, la diphtérie, la méningite cérébro-spinale, la scarlatine, la lèpre, le trachome, la trypanosomiase, etc...

Art. 3. — Des mesures particulières peuvent toujours être prises à l'égard des navires dont les conditions hygiéniques sont jugées défectueuses par l'autorité sanitaire, notamment à l'égard des navires encombrés, comme les transports d'émigrants.

TITRE II

Patente de santé.

Art. 4. — La patente de santé est un document qui a pour objet :

1° De faire connaître l'état sanitaire des pays de provenance et d'escale, particulièrement l'existence ou la non existence dans ces pays, des maladies telles que le choléra, la fièvre jaune, la peste, le typhus exanthématique et la variole ;

2° De mentionner tous renseignements de nature à éclairer, au point de vue sanitaire, les autorités des ports d'arrivée sur les mesures de prophylaxie applicables au navire intéressé.

Art. 5. — Le navire ne doit avoir qu'une patente de santé par voyage, du port de départ au port de destination extrême.

Ce document se compose de la patente proprement dite, établie au port de départ et des visas apposés par les autorités coloniales ou consulaires dans les ports d'escales successifs. Patente et visas sont libellés, conformément au modèle réglementaire prévu par l'article 4 du décret du 8 octobre 1927. Ils sont datés du jour où ils sont délivrés et ne sont valables que s'ils ont été établis dans les quarante-huit heures qui ont précédé le départ du navire.

Art. 6. — Dans les colonies, pays de protectorat et pays sous mandat, la patente de santé est établie par l'autorité sanitaire du port et délivrée gratuitement à tout capitaine.

A l'étranger, la patente de santé est délivrée aux navires français, à destination des colonies françaises, pays de protectorat et pays sous mandat par le consul français du port, ou, à défaut de consul, par l'autorité locale.

S'il s'agit de navires étrangers à destination de nos colonies la patente peut être délivrée par l'autorité locale, mais, dans ce cas, elle doit être visée et annotée, s'il y a lieu, par le consul français.

Art. 7. — Le capitaine d'un navire ne doit, en aucun cas, se dessaisir de sa patente de santé jusqu'à son arrivée au port de destination.

La présentation, à l'arrivée dans un port de nos colonies, pays de protectorat ou territoires sous mandat, d'une patente de santé est, en tout temps, obligatoire pour les navires provenant des ports d'Europe situés à l'Est du détroit des Dardanelles, et des ports situés hors d'Europe, sauf les exceptions prévues à l'article 9.

Le visa de la patente par les autorités coloniales ou consulaires, ou à défaut, par l'autorité locale, est en tout temps obligatoire, au même titre que la patente elle-même, pour les navires ayant fait escale dans les ports mentionnés au paragraphe précédent.

Art. 8. — Le visa de la patente par les autorités coloniales ou consulaires ou, à défaut, par l'autorité locale, est obligatoire pour les navires qui font l'objet de l'article 7, dans tous les ports d'escale, à partir du moment où ils doivent être obligatoirement pourvus de la patente et jusqu'à leur arrivée dans les ports des colonies, pays de protectorat ou territoires sous mandat.

Art. 9. — Sont dispensés de produire normalement une patente et les visas coloniaux ou consulaires s'y référant, les navires qui proviennent :

1° des ports d'Europe autres que ceux situés à l'Est du détroit des Dardanelles ;

2° des ports d'Algérie, de Tunisie et du Maroc ;

3° des ports situés en Amérique, sur l'océan Atlantique au Nord du 40e degré de latitude Nord.

Art. 10. — Lorsque les ports mentionnés à l'article 9 sont déclarés contaminés par une des maladies visées au 1er paragraphe de l'article 2 du présent décret, la présentation de la patente est rendue obligatoire pour les navires provenant de ces ports, par décision du Ministre du Travail, de l'Hygiène, de l'Assistance et de la Prévoyance Sociales.

La même obligation peut être étendue aux circonscriptions qui se trouvent soit à proximité desdits ports, soit en relations directes avec eux.

L'obligation de la patente entraîne pour les navires auxquels s'appliquent les paragraphes précédents, l'obligation du visa colonial ou consulaire dans tous les ports ultérieurement touchés en escale par ces navires, suivant les mêmes conditions que celles qui sont indiquées à l'article 8.

Dans les cas prévus ci-dessus, l'obligation de la patente et du visa corrélatif est immédiatement portée à la connaissance du public, notamment par la voie du Journal officiel de la République française, et par l'intermédiaire des autorités coloniales prévenues par le Ministre des Colonies et des autorités consulaires.

Art. 11. — Sont dispensés de la patente : les navires de la station locale, les bateaux commandés par des patrons commissionnés faisant le cabotage de port à port de la colonie, des bateaux pilotes, les embarcations des directions des ports, des douanes, des résidences, les bateaux qui font la petite pêche sur les côtes, à la condition de s'écarter peu du rivage et de ne pas faire escale dans les ports étrangers.

Peuvent être également dispensées de la patente les embarcations étrangères qui ne font que le cabotage de port à port de la colonie, lorsqu'elles sont munies, en échange de leurs papiers et rôles de provenance, d'un permis de navigation limité à la côte, ou même à certaines zones de la côte de la colonie.

Les navires qui font un service régulier entre des colonies françaises voisines peuvent être dispensés par l'autorité sanitaire de l'obligation du visa de la patente à chaque escale.

Art. 12. — Le capitaine ou patron d'un navire dépourvu de patente de santé alors qu'il devrait en être muni, ou ayant une patente irrégulière au point de vue notamment de l'absence des visas coloniaux ou consulaires qui devraient y être apposés est passible, à son arrivée dans un port de nos colonies, pays de protectorat ou pays sous mandat, des pénalités édictées par l'article 14 de la loi du 3 mars 1822, sans préjudice des mesures auxquelles le navire peut être assujetti, par le fait de sa provenance et des poursuites qui pourraient être exercées contre lui en cas de fraude.

Toutefois, si le navire se trouve dans les conditions visées aux paragraphes 1er et 2 de l'article 10, l'application desdites pénalités est subordonnée au délai dans lequel le capitaine a eu connaissance de l'obligation imposée et à la justification qu'il peut en fournir.

Art. 13. — La patente de santé est nette ou brute. Elle est nette, quand elle constate l'absence de maladies visées au 1er paragraphe de l'article 2 du présent décret dans la ou les circonscriptions d'où vient le navire. Elle est brute quand la présence d'une de ces maladies y est signalée.

Le caractère de la patente est apprécié par l'autorité sanitaire du port d'arrivée.

Art. 14. — Lorsqu'une des maladies pestilentielles visées au 1er paragraphe de l'article 2 du présent décret vient à se manifester dans un port de la colonie ou dans ses environs, le Directeur de la Santé en avise immédiatement le chef de la colonie et, une fois l'existence du cas ou du foyer constatée, donne des instructions pour que le fait soit signalé sur la patente de santé que délivre l'autorité maritime du port, ainsi que sur les visas.

Quand l'épidémie est éteinte, mention en est faite sur la patente de santé ou sur les visas, avec la date de cessation de l'épidémie.

TITRE III

Mesures sanitaires au port de départ.

Art. 15. — Le capitaine d'un navire français ou étranger se trouvant dans un port de nos colonies, pays de protectorat ou pays sous mandat, et se disposant à quitter ce port, est tenu d'en faire la déclaration à l'autorité sanitaire, avant d'opérer son chargement ou d'embarquer ses passagers.

Art. 16. — Dans le cas où elle le juge nécessaire, l'autorité sanitaire a la faculté de procéder à la visite du navire, avant le chargement et d'exiger tous renseignements et justifications utiles concernant la propreté des vêtements de l'équipage, la qualité de l'eau potable embarquée et les moyens de la conserver, la nature des vivres et des boissons, l'état de la pharmacie et, en général, les conditions hygiéniques du personnel et du matériel embarqués.

L'autorité sanitaire peut, dans le même cas, prescrire la désinfection du linge sale, soit à terre, soit à bord.

Le cas échéant, ces diverses opérations sont effectuées dans le plus court délai possible, de manière à éviter tout retard au navire.

Art. 17. — Tout navire astreint à l'obligation d'embarquer un médecin sanitaire maritime, aura à bord un approvisionnement de vaccins et sérums : anticholérique, antipesteux, antityphoïdique, vaccin T. A. B. antivariolique, antidiphtérique, antiméningococcique, antitétanique, datant de moins de six mois et tout autre dont l'emploi serait ultérieurement autorisé.

Cet approvisionnement sera proportionnel à la capacité d'embarquement du navire en passagers et hommes d'équipages. Il sera renouvelé selon la durée d'activité déterminée par le laboratoire fournisseur pour chaque sérum ou vaccin et sera conservé au frigorifique sous la surveillance du médecin, et dans un compartiment réservé spécialement à cet effet.

Art. 18. — A bord des navires visés à l'article précédent, un matériel de bactériologie permettant d'effectuer les recherches essentielles en vue du diagnostic des maladies transmissibles sera mis, autant que possible, à la disposition du médecin sanitaire maritime et un local approprié sera aménagé à cet effet.

Art. 19. — Les permis nécessaires soit pour opérer le chargement soit pour prendre la mer, ne sont délivrés par la douane que sur le vu d'une licence remise par l'autorité sanitaire.

Art. 20. — Les navires de la station locale, les bateaux pilotes, les embarcations de la direction du port, de la douane et des résidences, les embarcations qui s'éloignent peu du point de départ, celles auxquelles a été délivré le permis de navigation prévu à l'article 11 sont dispensés, à moins de prescriptions exceptionnelles, de la déclaration prévue à l'article 15.

Art. 21. — L'autorité sanitaire prend toutes les mesures nécessaires pour empêcher l'embarquement de personnes ou d'objets susceptibles de propager des maladies transmissibles.

Notamment, dans le cas où le port est contaminé d'une des maladies visées au premier paragraphe de l'article 2, elle prend toutes mesures efficaces :

1° Pour empêcher l'embarquement ou l'introduction des personnes présentant des symptômes de choléra, de fièvre jaune, de peste, de typhus exanthématique ou de variole, ainsi que des personnes de l'entourage des malades se trouvant dans des conditions telles qu'elles puissent transmettre la maladie ;

2° En cas de choléra, pour veiller à ce que l'eau potable et les vivres embarqués soient sains et que l'eau embarquée comme lest soit désinfectée, s'il y a lieu ;

3° En cas de fièvre jaune, pour empêcher l'introduction des moustiques à bord ;

4° En cas de peste, pour empêcher l'introduction des rats ;

5° En cas de typhus exanthématique, pour assurer, avant l'embarquement, l'épouillage de toutes personnes suspectes ;

6° En cas de variole, pour soumettre à la désinfection, les vieux vêtements et les chiffons avant qu'ils soient emballés pour l'exportation.

TITRE IV

Mesures sanitaires a l'arrivée.

Art. 22. — Tout navire qui arrive dans un port de nos colonies, pays de protectorat ou pays sous mandat, doit avant toute communication être « reconnu » par l'autorité sanitaire.

Cette opération obligatoire a pour objet de constater la provenance du navire et les conditions sanitaires dans lesquelles il se présente.

Elle consiste en un interrogatoire, à l'aide d'un questionnaire ou de formules, comme il suit, et dans la présentation, s'il y a lieu, de la patente de santé :

1° D'où venez-vous ?

2° Avez-vous une patente de santé ?

3° Quels sont vos nom, prénoms et qualités ?

4° Quel est le nom et le tonnage de votre navire ?

5° De quoi se compose votre cargaison ?

6° Quel jour êtes-vous parti ?

7° Quel était l'état de la santé publique à l'époque de votre départ ?

8° Avez-vous le même nombre d'hommes que vous avez à l'époque de votre départ et sont-ce les mêmes hommes ?

9° Avez-vous eu, pendant votre séjour au port de départ et pendant la traversée, des malades à bord ? En avez-vous actuellement ?

10° Est-il mort quelqu'un pendant ce séjour, soit à bord, soit à terre ?

Est-il mort quelqu'un pendant la traversée ?

11° Avez-vous relaté quelque part ? Où ? et à quelle époque ?

12° Avez-vous été mis en quarantaine ?

13° Avez-vous eu quelque communication pendant la traversée ?

N'avez-vous rien recueilli en mer ?

Réduite à un examen sommaire, pour les navires notamment exempts de suspicion, elle constitue la « reconnaissance » proprement dite dans les cas qui exigent un examen plus approfondi, elle prend le nom « d'arraisonnement ».

L'arraisonnement peut avoir pour conséquence lorsque l'autorité sanitaire le jugera nécessaire, l'inspection sanitaire comprenant s'il y a lieu, la visite médicale des passagers et de l'équipage.

Art. 23. — Les opérations de reconnaissance et d'arraisonnement sont effectuées sans délai.

Elles doivent être pratiquées même la nuit pour les navires postaux et les navires de guerre, quelle que soit leur nationalité.

Cependant, s'il y a suspicion sur la provenance ou sur les conditions sanitaires du navire, l'arraisonnement et l'inspection ne peuvent avoir lieu que de jour.

Art. 24. — Les résultats, soit de la reconnaissance, soit de l'arraisonnement sont relevés par écrit et consignés simultanément sur le registre médical et le livre du bord, et sur un registre spécial, tenu par l'autorité sanitaire du port.

Art. 25. — Sauf circonstance exceptionnelle dont l'autorité sanitaire est juge, sont dispensés de la reconnaissance : les navires de la station locale, les bateaux régulièrement commissionnés à cet effet, faisant le service de port à port de la colonie, les bateaux-pilotes, les embarcations de la direction du port, de la douane et des résidences, les bateaux qui font la petite pêche sur les côtes, et, en général, toutes les embarcations qui s'écartent peu du rivage et peuvent être reconnues à simple inspection.

Art. 26. — Seront toujours astreintes à la reconnaissance les embarcations étrangères, quelle que soit leur provenance. Celles qui ne font que le cabotage de port à port de la colonie devront remettre leurs papiers et rôle de provenance ; il pourra leur être délivré, en échange, un permis de naviguer limité à la côte ou même à certaines zones de la côte de la colonie.

Art. 27. — Tout capitaine arrivant dans un port de nos colonies, pays de protectorat ou pays sous mandat, est tenu de :

1° Empêcher toute communication, tout déchargement de son navire, avant que celui-ci ait été reconnu et admis à la libre pratique ;

2° Produire aux autorités chargées de la police sanitaire tous les papiers de bord ; reprendre, après avoir prêté serment de dire la vérité, à l'interrogatoire sanitaire et déclarer tous les faits, donner tous les renseignements venus à sa connaissance et pouvant intéresser la santé publique ;

3° Se conformer aux règles de la police sanitaire, ainsi qu'aux ordres qui lui sont donnés par lesdites autorités.

Art. 28. — Les gens de l'équipage et les passagers peuvent, lorsque l'autorité sanitaire le juge nécessaire, être soumis à de semblables interrogatoires et obligés, sous serment, à de semblables déclarations.

Art. 29. — Tout navire provenant d'une circonscription officiellement saine, est admis immédiatement à la libre pratique, après la reconnaissance ou l'arraisonnement, sauf, dans les cas mentionnés ci-après :

a) Lorsque le navire a eu à bord, soit au port de départ, soit pendant la traversée, des accidents certains ou suspects de choléra, de fièvre jaune, de peste, de typhus exanthématique, de variole ou d'une maladie grave transmissible et importable ;

b) Lorsque le navire a eu en mer des communications de nature suspecte ;

c) Lorsqu'il présente à l'arrivée des conditions hygiéniques douteuses ;

d) Lorsque l'autorité sanitaire a des motifs légitimes de contester la sincérité de la teneur de la patente de santé ou des déclarations du bord ;

e) Lorsque le navire provient d'un port qui entretient des relations libres avec une circonscription voisine considérée comme contaminée ;

f) Lorsque le navire provient d'une circonscription que l'autorité sanitaire a des motifs de considérer comme contaminée.

Dans ces différents cas, le navire subira l'inspection sanitaire ou la visite médicale et l'autorité sanitaire du port jugera des mesures qui lui sont applicables suivant les circonstances.

Art. 30. — Exceptionnellement dès l'arrivée du navire, et avant son admission à la libre pratique, les lettres et correspondances (imprimés, livres, journaux, papiers d'affaires, non compris les colis postaux) peuvent être débarqués, sans communication directe avec le bord, pour être livrés, sous la surveillance de l'autorité sanitaire, aux agents des compagnies maritimes dûment autorisés à cet effet. En aucun cas, l'agent des postes embarqué, pas plus que toute autre personne du bord, n'est admis à débarquer, pour accompagner les dépêches, avant que la libre pratique ait été accordée.

Art. 31. — Les marchandises ne sont pas l'objet de mesures spéciales en dehors des dispositions insérées dans les articles ci-après.

Nonobstant, au cas où des marchandises seraient considérées comme suspectes ou contaminées par l'autorité sanitaire du port d'arrivée, celle-ci apprécierait, suivant les circonstances, la nature des marchandises ou objets qui seraient soumis à des mesures spéciales, le lieu où ces mesures seraient appliquées, les procédés à employer et le temps nécessaire à ces opérations.

Art. 32. — Sont réputées marchandises pour l'application de l'article précédent, tous produits embarqués figurant ou non au manifeste, à la seule exception du charbon embarqué pour les besoins du service.

Art. 33. — Lorsqu'un navire se présente dans un port de nos colonies, pays de protectorat ou pays sous mandat, ayant à bord un cas de « maladie fébrile », le capitaine et le médecin sont tenus d'en faire la déclaration à l'autorité sanitaire ; il est procédé à la visite médicale, et la libre pratique n'est pas accordée avant qu'il ait été reconnu que ladite maladie n'est pas transmissible et importante, ou, s'il s'agit d'une maladie de cette catégorie, avant que les mesures nécessaires pour en prévenir la propagation aient été prises, tant à l'égard des passagers et de l'équipage que du navire lui-même, conformément aux prescriptions de l'autorité sanitaire.

Art. 34. — Tout navire se trouvant dans un port de nos colonies, pays de protectorat ou pays sous mandat, est soumis, de la part du service sanitaire maritime, pendant toute la durée de son séjour, à une surveillance ayant pour objet de constater, s'il y a lieu, les premières manifestations à bord de toute maladie transmissible et d'en empêcher la propagation.

A cet effet, le capitaine du navire est tenu de déclarer immédiatement à l'autorité sanitaire du port tout cas de « maladie fébrile » survenant à bord pendant cette période. Dès qu'elle a reçu cette déclaration, ou à défaut de déclaration, dès qu'elle a été informée, de quelque façon que ce soit, de la présence à bord d'un cas de maladie de cette nature, l'autorité sanitaire du port prescrit les mesures commandées par les circonstances.

Art. 35. — L'armement est tenu de prêter son concours, dans les conditions indiquées par l'autorité sanitaire, à l'exécution des mesures prises en vertu du présent décret.

Art. 36. — Les cercueils contenant des restes humains sont placés à bord dans un endroit facilement accessible.

Ils sont accompagnés d'un procès-verbal dûment établi et certifié par l'autorité coloniale, militaire ou consulaire, relatant l'accomplissement des prescriptions de l'arrêté ministériel du 29 juillet 1916.

Ce procès-verbal est communiqué à l'autorité sanitaire dès l'arrivée du navire.

Art. 37. — Le Directeur ou l'agent délégué du service sanitaire se rend à bord. Il s'assure en personne, d'abord sur place, et s'il y a lieu, par un nouvel examen, après débarquement, que les prescriptions édictées par l'article 4 de l'arrêté du 29 juillet 1916 ont été régulièrement remplies et que l'état du cercueil présente toutes les garanties de construction, de bonne conservation et d'étanchéité ; dans l'affirmative, il appose le sceau du service sur ce cercueil et délivre, au point de vue sanitaire, le certificat d'admission conforme au modèle prévu. La remise de ce certificat est d'ailleurs subordonnée, le cas échéant, aux mesures réglementaires qui seraient applicables au navire en raison de sa provenance ou des conditions sanitaires du bord.

Art. 38. — Si le cercueil ne satisfait pas aux dispositions indiquées par l'arrêté du 29 juillet 1916, toutes mesures devront être immédiatement prises sous la responsabilité du capitaine du navire et aux frais des intéressés, soit pour le réparer ou le remplacer conformément à ces dispositions, soit pour le mettre en dépôt provisoire jusqu'à ce que la remise et le transport puissent en être effectués sans danger.

Art. 39. — Le certificat d'admission est remis au commissaire spécial ou au commissaire de police ou, à défaut, au représentant de l'Autorité locale, de qui relèvent ensuite exclusivement les constatations résultant des pièces d'identité, la vérification de l'autorisation accordée par le Ministère de l'Intérieur en France, dans les colonies ou territoires à mandat, par le chef du groupement colonial ou le Gouverneur de la colonie, ou le commissaire de la République, et le soin de prévenir, le cas échéant, la famille ou son représentant.

Art. 40. — Un registre spécial est tenu dans chaque port, reproduisant toutes les indications de dates et de circonstances utiles pour justifier les diverses opérations ainsi pratiquées.

Art. 41. — Le sceau, apposé par l'autorité sanitaire, ne pourra être rompu, même après l'arrivée du cercueil dans la localité où l'inhumation doit avoir lieu, sauf le cas de force majeure. Il ne pourra être procédé, sous aucun prétexte, à l'ouverture du cercueil sans autorisation du Gouverneur de la colonie ou du Commissaire de la République.

TITRE V

CHAPITRE PREMIER

MESURES PROPHYLACTIQUES SPÉCIALES AUX MALADIES PRÉVUES PAR LE PRÉSENT DÉCRET

a) *Choléra.*

Art. 42. — Un navire est considéré comme infecté s'il y a un cas de choléra à bord ou s'il y a eu un cas de choléra pendant les cinq jours précédant l'arrivée du navire au port.

Un navire est considéré comme suspect, s'il y a eu un cas de choléra au moment du départ ou pendant le voyage, mais aucun cas nouveau depuis cinq jours avant l'arrivée.

Un navire est considéré comme indemne si, bien que provenant d'un port atteint, il n'a pas eu de cas de choléra au moment du départ, pendant le voyage ou à l'arrivée.

Art. 43. — Les navires infectés de choléra sont soumis au régime suivant :

1° Visite médicale ;

2° Les malades sont immédiatement débarqués et isolés ;

3° L'équipage et les passagers peuvent être débarqués et être soit gardés en observation, soit soumis à la surveillance pour un laps de temps n'excédant pas cinq jours à dater de l'arrivée du navire ;

4° Les literies ayant servi le linge sale, les effets à usage et les autres objets sont désinfectés ;

5° Les parties du navire qui ont été habitées par les malades atteints de choléra ou qui sont considérées par l'autorité sanitaire comme contaminées, sont désinfectées ;

6° Le déchargement s'effectue sous le contrôle de l'autorité sanitaire, qui prend toutes les mesures nécessaires, afin d'éviter que le personnel employé au déchargement ne soit infecté ; le personnel sera soumis à une observation ou à une surveillance qui ne pourront pas dépasser cinq jours à partir du moment où il aura cessé de travailler au déchargement ;

7° Lorsque l'eau potable emmagasinée à bord est considérée comme suspecte, elle est déversée après désinfection et remplacée après désinfection des réservoirs, par une eau de bonne qualité ;

8° L'autorité sanitaire peut interdire le déversement, sauf désinfection préalable, de l'eau de lest (water-ballast), si elle a été puisée dans un port contaminé ;

9° Il peut être interdit de laisser s'écouler ou de jeter dans les eaux du port des déjections humaines, ainsi que les eaux résiduaires du navire, à moins de désinfection préalable.

Art. 44. — Les navires suspects de choléra sont soumis aux mesures prescrites sous les numéros 1, 4, 5, 7, 8 et 9 de l'article 43.

L'équipage et les passagers sont soumis à une surveillance qui ne doit pas dépasser 5 jours, à compter de la date d'arrivée du navire ; pendant le même temps, le débarquement de l'équipage peut être interdit, sauf pour les raisons de service portées à la connaissance de l'autorité sanitaire du port.

Un navire déclaré infecté ou suspect en raison seulement de l'existence à bord de cas présentant les symptômes cliniques du choléra, sera classé comme indemne si deux examens bactériologiques pratiqués à vingt-quatre heures au moins d'intervalle n'ont révélé la présence ni du vibrion cholérique, ni d'autre vibrion suspect.

Art. 45. — Les navires indemnes de choléra sont admis à la libre pratique immédiate.

L'autorité sanitaire du port d'arrivée peut prescrire, à leur sujet, les mesures prévues aux n°s 1, 7, 8 et 9 de l'article 43.

L'équipage et les passagers peuvent être soumis à une surveillance qui ne doit pas dépasser cinq jours, à compter de l'arrivée du navire. On peut empêcher, pendant le même temps, le débarquement de l'équipage, sauf pour des raisons de service portées à la connaissance de l'autorité sanitaire du port.

b) *Fièvre jaune.*

Art. 46. — Un navire est considéré comme infecté s'il a un cas de fièvre jaune à bord, ou s'il en a eu au moment du départ ou pendant la traversée.

Un navire est considéré comme suspect s'il n'a pas eu de fièvre jaune, mais s'il arrive après une traversée de moins de six jours, d'un port atteint ou d'un port non atteint en relations étroites avec des centres endémiques de fièvre jaune, ou, si, arrivant après une traversée de plus de six jours, il y a lieu de croire qu'il peut transporter des Stegomyia (Aedes Egypti) ailés, en provenance dudit port.

Un navire est considéré comme indemne bien que provenant d'un port atteint de fièvre jaune, si, n'ayant pas eu de cas de fièvre jaune à bord, et arrivant après une traversée de plus de six jours, il n'y a pas lieu de croire qu'il transporte des Stegomyia ailés, ou quand il prouve, à la satisfaction de l'autorité du port d'arrivée :

a) Que pendant son séjour dans le port de départ, il s'est tenu à distance d'au moins 300 mètres de la terre habitée et à une distance des pontons telle qu'elle ait rendu peu probable l'accès des Stegomyia ;

b) Ou qu'au moment du départ, il a subi, en vue de la destruction des moustiques, une fumigation efficace.

Art. 47. — Les navires infectés de fièvre jaune sont soumis au régime suivant :

1° Visite médicale ;

2° Les malades sont débarqués, et ceux qui se trouvent dans les cinq premiers jours de la maladie sont isolés, de manière à éviter la contamination des moustiques ;

3° Les autres personnes qui débarquent sont soumises à une observation ou à une surveillance qui ne dépassera pas six jours, à compter du moment du débarquement ;

4° Le navire sera tenu à 200 mètres au moins de la terre habitée et à une distance des pontons, telle qu'elle rende peu probable l'accès des Stegomyia ;

5° Il est procédé à bord à la destruction des moustiques dans toutes les phases de leur évolution, autant que possible avant le déchargement des marchandises. Si le déchargement est fait avant la destruction des moustiques, le personnel chargé de cette besogne sera soumis à une observation ou à une surveillance qui ne dépassera pas six jours, à partir du moment où il aura cessé de travailler au déchargement.

Art. 48. — Les navires suspects de fièvre jaune peuvent être soumis aux mesures prévues sous les n°s 1, 3, 4 et 5 de l'article 47.

Toutefois, si la traversée ayant duré moins de six jours, le navire remplit les conditions spécifiées aux lettres *a* ou *b* de l'alinéa de l'article 46 relatif aux navires indemnes, il n'est soumis qu'aux mesures prévues aux numéros 1 et 3 de l'article 47 et à la fumigation.

Si trente jours se sont écoulés depuis le départ du navire du port atteint et si aucun cas ne s'est produit à bord pendant le voyage, le navire peut être admis à la libre pratique, sauf fumigation préalable si l'autorité sanitaire le juge nécessaire.

Art. 49. — Les navires indemnes de fièvre jaune sont admis à la libre pratique après la visite médicale.

Art. 50. — Les mesures prévues aux articles 47 et 48 ne concernent que les régions où il existe des Stegomyia et elles doivent être appliquées en tenant compte des conditions climatiques actuelles de ces contrées, ainsi que de l'index stégomyien.

Dans les autres régions, elles sont appliquées dans la mesure jugée nécessaire par l'autorité sanitaire.

c) *Peste.*

Art. 51. — Est considéré comme infecté le navire :

1° Qui a un cas de peste humaine à bord ;

2° Ou sur lequel un cas de peste humaine s'est déclaré plus de six jours après l'embarquement ;

3° Où à bord duquel on a constaté la présence de rats pesteux :

Est considéré comme suspect le navire :

1° Sur lequel un cas de peste humaine s'est déclaré dans les six premiers jours après l'embarquement ;

2° Ou pour lequel les recherches concernant les rats ont mis en évidence l'existence d'une mortalité inscrite dont la cause n'est pas déterminée.

Est considéré comme indemne bien que venant d'un port atteint, le navire qui n'a pas eu à bord de peste humaine ou murine, soit au moment du départ, soit pendant la traversée, soit au moment de l'arrivée et à bord duquel les recherches concernant les rats n'ont pas fait constater l'existence d'une mortalité insolite.

Art. 52. — Les navires infectés de peste sont soumis au régime suivant :

1° Visite médicale ;

2° Les malades sont immédiatement débarqués et isolés ;

3° Toutes les personnes qui ont été en contact avec les malades et celles que l'autorité sanitaire du port a des raisons de considérer comme suspectes sont débarquées si possible.

Elles sont soumises soit à l'observation, soit à la surveillance, soit à une observation suivie de surveillance, sans que la durée totale de ces mesures puisse dépasser six jours à dater de l'arrivée du navire.

Il appartient à l'autorité sanitaire du port d'appliquer celle de ces mesures qui lui paraît préférable selon la date du dernier cas, l'état du navire et les possibilités locales. On peut, pendant le même laps de temps, empêcher le débarquement de l'équipage, sauf pour les raisons de service portées à la connaissance de l'autorité sanitaire ;

4° Les literies ayant servi, le linge sale, les effets à usage et les autres objets qui, de l'avis de l'autorité sanitaire, sont considérés comme contaminés, sont désinsectisés, et s'il y a lieu, désinfectés ;

5° Les parties du navire qui ont été habitées par des pesteux ou qui, de l'avis de l'autorité sanitaire, sont considérées comme contaminées, sont désinsectisées et, s'il y a lieu, désinfectées ;

6° L'autorité sanitaire peut prescrire une dératisation avant le déchargement, si elle estime que, d'après la nature de la cargaison et sa disposition, il est possible d'effectuer la destruction totale des rats sans déchargement.

Dans ce cas, le navire ne pourra être soumis à une nouvelle dératisation après déchargement. Dans les autres cas, la destruction complète des rongeurs devra être effectuée sur le navire en cales vides. Pour les navires sur lest, cette opération sera faite aussitôt avant le chargement.

Art. 53. — Les navires suspects de peste sont soumis aux mesures prévues sous les numéros 1, 4, 5 et 6 de l'article 52.

En outre, l'équipage et les passagers peuvent être soumis à une surveillance qui ne dépassera pas six jours à dater de l'arrivée du navire. On peut, pendant le même laps de temps, empêcher le débarquement de l'équipage, sauf pour des raisons de service portées à la connaissance de l'autorité sanitaire.

Les navires indemnes de peste sont admis à la libre pratique immédiate, sous la réserve que l'autorité sanitaire du port d'arrivée peut prescrire à leur égard les mesures suivantes :

1° Visite médicale pour constater si le navire se trouve dans les conditions prévues par la définition du navire indemne ;

2° Dératisation, si le navire n'a pas subi cette opération depuis six mois, et, dans les cas exceptionnels, pour des motifs fondés qui seront communiqués par écrit au capitaine du navire ;

3° L'équipage et les passagers peuvent être soumis à une surveillance qui ne dépassera pas six jours à compter de la date à laquelle le navire est parti du port atteint. On peut pendant le même laps de temps, empêcher le débarquement de l'équipage, sauf pour raisons de service portées à la connaissance de l'autorité sanitaire.

d) *Typhus exanthématique.*

Art. 54. — Les navires qui ont eu, pendant la traversée, ou qui ont au moment de l'arrivée un cas de typhus à bord, sont soumis aux mesures suivantes :

1° Visite médicale ;

2° Les malades sont immédiatement débarqués, isolés et épouillés ;

3° Les autres personnes, qu'il y aurait lieu de croire être porteuses de poux, ou avoir été exposées à l'infection, sont aussi épouillées et peuvent être soumises à une surveillance (dont la durée doit être spécifiée), et qui ne doit jamais dépasser douze jours, à compter de la date de l'épouillage ;

4° Les literies ayant servi, le linge, les effets à usage et les autres objets qui, de l'avis de l'autorité sanitaire, sont considérés comme contaminés, sont désinsectisés ;

5° Les parties du navire qui ont été habitées par les typhiques et qui, de l'avis de l'autorité sanitaire, sont considérées comme contaminées, seront désinsectisées. Le navire est immédiatement admis à la libre pratique.

e) *Variole.*

Art. 55. — Les navires qui, soit pendant la traversée, soit au moment de l'arrivée, ont eu un cas de variole à bord, sont soumis aux mesures suivantes :

1° Visite médicale ;

2° Les malades sont immédiatement débarqués et isolés ;

3° Les autres personnes qu'il y aurait lieu de croire avoir été exposées à l'infection à bord, et qui, de l'avis de l'autorité sanitaire. ne sont pas suffisamment protégées par une vaccination récente ou par une atteinte antérieure de variole, peuvent être soumises soit à la vaccination ou à la surveillance, soit à la vaccination suivie de surveillance, la durée de la surveillance devant être spécifiée selon les circonstances, mais ne devant jamais dépasser quatorze jours à compter de la date d'arrivée ;

4° Les literies ayant récemment servi, le linge sale, les effets à usage et les autres objets qui, de l'avis de l'autorité sanitaire, sont considérés comme ayant été récemment contaminés, sont désinfectés ;

5° Seules les parties du navire qui ont été habitées par des varioleux et qui, de l'avis de l'autorité sanitaire, sont considérées comme contaminées, sont désinfectées.

CHAPITRE II

MESURES CONCERNANT CERTAINES MALADIES SPÉCIALES

a) *Fièvre récurrente.*

Art. 56. — Les passagers provenant d'un port contaminé par le typhus récurrent, (fièvre récurrente à poux), pourront être soumis aux formalités suivantes, au départ :

1° Visite médicale, entraînant l'éviction des cas suspects ou confirmés ;

2° Epouillage effectué avant l'embarquement et attesté par un certificat délivré par l'autorité sanitaire.

Pendant la traversée :

1° Isolement des suspects et des malades ;

2° Désinsectisation des locaux, des literies et objets contaminés.

A l'arrivée :

1° Les malades seront hospitalisés ;

2° Les suspects seront soumis à une observation ou à une surveillance qui ne dépassera pas dix jours, à compter du jour de départ du bateau du port contaminé, s'il n'y a pas eu de nouveaux cas à bord, ou à compter du jour du débarquement, dans le cas contraire ;

3° Le navire sera désinsectisé dans toutes les parties où cela sera jugé nécessaire par l'autorité sanitaire. Il sera ensuite admis à la libre pratique.

b) *Lèpre.*

Art. 57. — Dans les ports des régions où la lèpre est endémique on devra éviter soigneusement d'embarquer, parmi les hommes d'équipage, des individus suspects ou atteints de lèpre.

Au départ de ces ports, une surveillance médicale devra être établie pour éliminer les cas suspects ou confirmés chez les passagers. Une tolérance pourra être admise à l'égard des passagers présentant des garanties suffisantes. Le médecin du bord prendra, d'accord avec le capitaine, les mesures d'isolement et de désinfection nécessaires, notamment en ce qui concerne leur literie et leur linge sale.

c) *Trachome.*

Art. 58. — L'embarquement sera refusé aux hommes d'équipage et aux passagers indigènes atteints de conjonctivite granuleuse (trachome).

d) *Trypanosomiase.*

Art. 59. — En raison des risques de contamination dans les cabines par l'intermédiaire des insectes piqueurs, il est interdit à tout capitaine de navire d'embarquer des passagers provenant de l'Afrique équatoriale, du Congo belge et du Cameroun, sans un certificat médical constatant qu'ils sont indemnes de trypanosomiase, et dans le cas où ils seraient atteints de cette maladie, qu'ils ont reçu les injections destinées à stériliser la circulation périphérique, ainsi que le prescrit le décret du 6 août 1920.

L'obligation du certificat médical pourra être étendue par décision des autorités locales aux passagers provenant de certaines régions des colonies ou territoires à mandat de la côte d'Afrique autres que celles visées au paragraphe précédent, dans lesquelles l'existence de la trypanosomiase à l'état endémique ou épidémique serait constatée.

Dans le cas où des passagers atteints de trypanosomiase provenant des pays ci-dessus indiqués, débarqueraient dans un des ports des colonies françaises ou territoires à mandat de la côte occidentale d'Afrique, ils seront signalés par le capitaine à l'autorité sanitaire du port de débarquement afin que celle-ci puisse prendre, à leur égard, toutes mesures de surveillance et de stérilisation jugées nécessaires.

CHAPITRE III

Mesures de défense contre les territoires contaminés

Section I. — *Publication des mesures prescrites.*

Art. 60. — Chaque colonie, pays de protectorat ou pays sous mandat doit notifier immédiatement par voie télégraphique au Ministre des Colonies :

1° Le premier cas avéré de peste, de choléra ou de fièvre jaune constaté sur son territoire ;

2° Le premier cas avéré de peste, de choléra ou de fièvre jaune survenant en dehors des circonscriptions déjà atteintes ;

3° L'existence d'une épidémie de typhus exanthématique ou de variole.

Art. 61. — Les notifications prévues à l'article 60 sont accompagnées ou très promptement suivies de renseignements circonstanciés sur :

1° L'endroit où la maladie est apparue ;

2° La date de son apparition, son origine et sa forme ;

3° Le nombre des cas constatés et celui des décès ;

4° L'étendue de la ou des circonscriptions atteintes ;

5° Pour la peste, l'existence de cette infection ou d'une mortalité insolite chez les rongeurs ;

6° Pour le choléra, le nombre des porteurs de germes dans le cas où il en a été trouvé ;

7° Pour la fièvre jaune, l'existence et l'abondance relative (index) du stégomyia calopus (Aedes Egypti) ;

8° Les mesures prises.

Art. 62. — La notification et les renseignements prévus aux articles 60 et 61 sont adressés aux autorités consulaires accréditées auprès du Chef de la colonie et transmis par télégramme aux colonies françaises et aux pays étrangers voisins.

Art. 63. — La notification et les renseignements prévus aux articles 60, 61 et 62 sont suivis de communications ultérieures, données d'une façon régulière, de manière à tenir le département, les colonies voisines et les pays étragers limitrophes au courant de la marche de l'épidémie.

Ces communications, qui doivent être aussi fréquentes et aussi complètes que possible, indiquent plus particulièrement les précautions prises en vue de combattre l'extension de la maladie.

Elles devront préciser :

1° Les mesures prophylactiques appliquées relativement à l'inspection sanitaire ou à la visite médicale, à l'isolement et à la désinfection et, le cas échéant, aux vaccinations préventives ;

2° Les mesures exécutées au départ des navires pour empêcher l'exportation de la maladie, et particulièrement celles prises contre les rongeurs ou les insectes.

Art. 64. — Les Gouverneurs généraux, Gouverneurs et Commissaires de la République conclueront autant que possible des arrangements spéciaux en vue d'organiser un service d'informations directes entre les Chefs des Administrations compétentes, en ce qui concerne les territoires limitrophes ou se trouvant en relations commerciales étroites.

Les renseignements concernant les maladies épidémiques visées au présent décret seront adressés à l'Administration centrale par les colonies françaises et territoires sous mandat, en vue de leur transmission à l'office international d'hygiène publique.

Section II

Conditions qui permettent de considérer que les mesures prévues sont ou ont cessé d'être applicables aux provenances d'une circonscription territoriale.

Art. 65. — La notification des cas importés de peste. de choléra, de fièvre jaune, de typhus exanthématique ou de variole n'entraîne pas vis-à-vis des provenances de la circonscription dans laquelle ils se sont produits l'application des mesures prévues à la section III ci-après.

Mais lorsqu'un premier cas reconnu, non importé, de peste ou de fièvre jaune s'est manifesté, que les cas de choléra forment foyer (1), que le typhus exanthématique ou la variole existent à l'état épidémique, ces mesures peuvent être appliquées et la circonscription est considérée comme contaminée. Elle est déclarée telle par arrêté du Gouverneur.

Art. 66. — L'application des mesures est limitée aux provenances des circonscriptions contaminées.

Cette restriction, limitée à la circonscription atteinte, ne doit être acceptée qu'à la condition formelle que la colonie ou le pays contaminé prenne les mesures nécessaires :

1° Pour combattre l'extension de l'épidémie ;

2° Pour empêcher à moins de désinfection préalable, l'exportation des objets visés à l'article 71 ci-après, provenant de la circonscription contaminée, quand il s'agit de peste, de choléra, de typhus exanthématique ou de variole ;

3° Pour appliquer les mesures prévues à l'article 68 ci-après l'autorité sanitaire détermine, dans chaque cas particulier, les mesures de précaution qu'elle estime nécessaire.

---

(1) Il existe un « foyer », lorsque l'apparition de nouveaux cas au delà de l'entourage des premiers cas prouve qu'on n'est pas parvenu à limiter l'expansion de la maladie, là où elle s'était manifesté à son début.

Art. 67. — Pour qu'une circonscription ne soit plus considérée comme contaminée, il faut la constatation officielle :

1° Qu'il n'y a eu ni décès, ni cas nouveau depuis cinq jours en cas de choléra, depuis six jours en cas de peste, depuis dix-huit jours en cas de fièvre jaune, depuis douze jours en cas de typhus exanthématique, depuis quatorze jours en cas de variole, soit après l'isolement, soit après la mort ou la guérison du dernier malade ;

2° Que toutes les mesures de désinfection ont été appliquées, que les mesures contre les rats, en cas de peste, contre les moustiques en cas de fièvre jaune, contre les poux en cas de typhus exanthématique, ont été exécutées.

Quand toutes ces mesures ont été prises et que l'épidémie est terminée, il en est rendu compte au chef de la colonie et mention faite sur la patente et ses visas, de la date de cessation de l'épidémie.

Le chef de la colonie notifie, dans les conditions spécifiées aux articles 60, 61, 62 que le danger d'infection provenant d'une région a cessé et que toutes les mesures prophylactiques ont été prises. Ces renseignements sont transmis au Ministre des Colonies et communiqués par ses soins à l'office international d'hygiène publique. A partir de cette information, les mesures spéciales prévues par le présent décret ne pourront plus être appliquées aux provenances de la région dont il s'agit, sauf circonstances exceptionnelles dont il devra être justifié.

SECTION III

Mesures dans les ports et au départ des navires.

Art. 68. — L'autorité compétente est tenu de prendre des mesures efficaces :

1° Pour empêcher l'embarquement des personnes présentant des symptômes de peste, de choléra, de fièvre jaune, de typhus exanthématique, de variole, ainsi que des personnes de l'entourage des malades considérées comme susceptibles de transmettre la maladie ;

2° En cas de peste, de choléra, de typhus et de variole, pour empêcher l'exportation des marchandises ou objets quelconques qu'elle considérerait comme contaminés et qui n'auraient pas été préalablement désinfectés à terre, sous la surveillance de l'autorité sanitaire ;

3° En cas de peste, pour empêcher l'introduction des rats à bord ;

4° En cas de choléra, pour veiller à ce que l'eau potable et les vivres embarqués soient sains et que l'eau embarquée comme lest soit désinfectée, s'il y a lieu ;

5° En cas de fièvre jaune, pour empêcher l'introduction des moustiques à bord ;

6° En cas de typhus exanthématique pour assurer avant leur embarquement, l'épouillage de toutes personnes suspectes ;

7° En cas de variole, pour soumettre à la désinfection les vieux vêtements et les chiffons avant qu'ils soient emballés pour l'exportation.

Art. 69. — Le Chef de la colonie est tenu de publier immédiatement les mesures qu'il croit devoir prescrire au sujet des provenances d'un pays ou d'une circonscription territoriale contaminée. Il en donne avis par la voie télégraphique au Ministre des Colonies et aux Gouverneurs des Colonies voisines, françaises et étrangères.

Il communique aussitôt cette publication à l'agent consulaire du pays contaminé. A défaut d'agent consulaire, les communications sont faites au Ministre des Colonies, qui en avise le Ministre des Affaires étrangères et l'Office international d'hygiène publique.

Le retrait des mesures prises ou les modifications dont elles seraient l'objet sont publiés et communiqués dans les mêmes conditions.

Section IV

Marchandises et bagages. Importation et transit.

Art. 70. — Aucune marchandise n'étant capable de transmettre directement la peste, le choléra, la fièvre jaune, le typhus exanthématique, les marchandises ne peuvent devenir dangereuses que si elles ont été souillées par des produits pesteux ou cholériques, ou si elles véhiculent des rats pesteux, des stégomyias ou des poux infectés, ou si elles ont été en contact avec des varioleux.

Art. 71. — Les marchandises et bagages arrivant par terre ou par mer ne peuvent être prohibés à l'entrée ou pour le transit, ni retenus aux frontières ou dans les ports. Les seules mesures qu'il soit permis de prescrire à leur égard sont spécifiées dans les paragraphes suivants :

a) En cas de peste, on peut soumettre à la désinsectisation et, s'il y a lieu, à la désinfection, les lignes de corps, hardes et vêtements récemment portés (effets à usage), les literies avant récemment servi.

Les marchandises en provenance d'une circonscription atteinte et susceptible de renfermer des rats pesteux ne peuvent être déchargées qu'à la condition de prendre les précautions nécessaires pour empêcher que les rats ne puissent s'échapper et pour qu'ils soient détruits ;

b) En cas de choléra, on peut soumettre à la désinfection les linges de corps, hardes et vêtements récemment portés (effets à usage), les literies ayant récemment servi.

Par dérogation aux dispositions du présent article, les poissons, coquillages et légumes frais peuvent être prohibés à l'entrée, à moins qu'ils n'aient été l'objet d'un traitement de nature à détruire le vibrion cholérique ;

c) En cas de typhus exanthématique, on peut soumettre à la désinsectisation les linges de corps, hardes et vêtements portés (effets à usage), les literies ayant servi, ainsi que les chiffons non transportés comme marchandises en gros ;

d) En cas de variole, on peut soumettre à la désinfection les linges de corps, hardes et vêtements récemment portés (effets à usage), les literies ayant récemment servi, ainsi que les chiffons non transportés comme marchandises en gros.

Art. 72. — Le mode et le lieu de la désinfection, ainsi que les procédés à employer pour assurer la destruction des rats et des insectes (puces, poux, moustiques, etc...), sont fixés par le chef de la colonie, sur la proposition du Directeur de la Santé. Ces opérations doivent être faites de manière à ne détériorer les objets que le moins possible. Les hardes et autres objets de peu de valeur peuvent être détruits par le feu, ainsi que les chiffons, sauf s'ils sont transportés comme marchandises en gros.

Il appartient au Chef de la colonie de régler la question relative au paiement éventuel de dommages-intérêts résultant de la désinfection, ainsi que de la destruction des objets ci-dessus visés, de la dératisation, de la désinsectisation.

Si, à l'occasion, des mesures prises pour la destruction des rats et des insectes, à bord des navires, des taxes sont perçues par l'autorité locale, soit directement, soit par l'intermédiaire d'une société ou d'un particulier, le taux de ces taxes doit être fixé par un tarif publié d'avance et établi de façon qu'il ne puisse résulter, de l'ensemble de son application, une source de bénéfices pour le trésor local.

Art. 73. — Les lettres et correspondances, imprimés, livres, journaux, papiers d'affaires, etc. etc... ne sont soumis à aucune mesure sanitaire. Les colis postaux ne subiront de restrictions que dans le cas où ils contiendraient des objets figurant parmi ceux auxquels on peut imposer les mesures prévues à l'article 71.

Art. 74. — Lorsque des marchandises ont été désinfectées, par application des dispositions de l'article 71, le propriétaire ou son représentant a le droit de réclamer de l'autorité sanitaire qui a ordonné la désinfection ou le dépôt un certificat indiquant les mesures prises.

Art. 75. — La désinfection du linge, des hardes, vêtements et objets qui font partie de bagages ou de mobilier (objets d'installation) provenant d'une circonscription territoriale contaminée, n'est effectuée qu'en cas de peste, de choléra, de typhus exanthématique ou de variole, lorsque l'autorité les considère comme contaminés.

Section V

Mesures aux frontières de terre.

Art. 76. — Les personnes présentant des symptômes de peste, de choléra, de fièvre jaune, de typhus exanthématique, de variole ou d'autres affections graves et transmissibles peuvent être retenues aux frontières.

En ce qui concerne les indigènes, les Gouverneurs ou les Commissaires de la République ont le droit de constituer des camps d'observation, s'ils le jugent nécessaire, et d'y retenir pour une période dont ils fixent la durée, les voyageurs considérés comme suspects. Ces derniers peuvent être astreints, suivant les circonstances, à la vaccination ou pour les personnes atteintes de trypanosomiase, à un traitement stérilisant, avant de recevoir l'autorisation de pénétrer sur le territoire de la colonie.

Ces dispositions n'excluent pas le droit, pour chaque colonie, de fermer au besoin une partie de ses frontières. On désignera les lieux par lesquels le trafic frontière sera exclusivement autorisé. Dans ce cas, des stations sanitaires dûment équipées seront établies aux lieux ainsi désignés. Ces mesures devront être notifiées immédiatement au pays voisin intéressé.

Pourront être retenues aux frontières terrestres, en observation, pendant une période qui ne dépassera pas sept jours, à compter de l'arrivée, des personnes ayant été en contact avec un malade atteint de peste pneumonique.

Les personnes ayant été en contact avec un malade atteint de typhus exanthématique pourront être soumises à l'épouillage.

Art. 77. — Il importe que les voyageurs en provenance d'une circonscription atteinte soient soumis au point de vue de leur état de santé, à une surveillance de la part du personnel des chemins de fer, lorsqu'ils voyagent par voie ferrée. L'intervention médicale se borne à une visite des voyageurs et aux soins à donner aux malades, et, s'il y a lieu, à leur entourage. Les personnes visiblement indisposées sont soumise à un examen médical approfondi.

Art. 78. — Dès que les voyageurs venant d'un endroit contaminé, seront arrivés à destination, ils pourront être soumis à une surveillance qui ne devra pas dépasser cinq jours en cas de choléra, six jours en cas de peste ou de fièvre jaune, douze jours en cas de typhus exanthématique, quatorze jours en cas de variole.

Art. 79. — Les voitures de chemins de fer qui circulent dans les pays où existe la fièvre jaune doivent être aménagées de façon à se prêter aussi peu que possible au transport des stégomyias.

Art. 80. — Les règlements du trafic frontière et des questions inhérentes à ce trafic, notamment celles concernant le passage aux frontières du personnel des chemins de fer et de la poste, ainsi que l'adoption de mesures exceptionnelles de surveillance, seront établis par les Gouverneurs des Colonies intéressées, d'entente avec les pays limitrophes.

Art. 81. — Le régime sanitaire des voies fluviales sera préparé d'entente entre les chefs des colonies intéressées et ceux des pays étrangers riverains et soumis à l'approbation préalable de leurs gouvernements respectifs.

TITRE VI

Mesures prophylactiques diverses applicables aux navires et a certaines catégories de personnels. .. Organisation et outillage des ports

Art. 82. — Chaque colonie, pays de protectorat ou pays sous mandat, doit pourvoir ses ports principaux et au moins un des ports du littoral de chacune de ses mers, d'une organisation et d'un outillage suffisants pour pouvoir y admettre les navires quel que soit leur état sanitaire.

Il est recommandé que, tout au moins, les navires indemnes puissent subir dès leur arrivée dans les ports principaux, les mesures sanitaires prescrites.

Les Gouverneurs généraux, les Gouverneurs et les Commissaires de la République feront connaître au Ministre des Colonies les ports qui sont ouverts, chez eux, aux provenances des ports contaminés de peste, de choléra, de fièvre jaune, de typhus exanthématique ou de variole, et en particulier, ceux qui sont ouverts aux navires infectés ou suspects. Ces renseignements seront transmis par le Ministre des Colonies à l'Office international d'hygiène publique.

Art. 83. — Dans chaque colonie, pays de protectorat ou pays sous mandat, il sera établi dans les principaux ports visés au paragraphe 1er de l'article précédent :

a) Un service médical régulier du port et une surveillance médicale permanente de l'état sanitaire des équipages et de la population du port ;

b) Un matériel pour le transport des malades et des locaux appropriés à leur isolement ainsi qu'à l'observation des personnes suspectes ;

c) Les installations nécessaires à une désinfection et à une désinsectisation efficace, un laboratoire de bactériologie et un service en état de procéder aux vaccinations d'urgence soit contre la variole, soit contre d'autres maladies ;

d) Un service d'eau potable non suspecte à l'usage du port et l'application d'un système d'évacuation des nuisances, présentant toute la sécurité possible ;

e) Un service de dératisation avec personnel spécialisé et matériel approprié.

Il est également recommandé que les magasins et les docks soient dans les limites du possible « rat proof » et que le réseau des égoûts du port soit séparé de celui de la ville.

Art. 84. — Il est recommandé aux autorités sanitaires de tenir compte, dans le traitement à appliquer aux provenances d'un pays, des mesures que ce dernier aura prises pour combattre les maladies infectieuses et pour en empêcher l'exportation.

Art. 85. — Les personnes qui ont été chargées de la désinfection totale ou partielle d'un navire infecté, qui ont procédé avant ou pendant la désinfection de ce navire, au déchargement et à la désinfection des marchandises, ou qui sont restées à bord pendant l'accomplissement de ces opérations sont, à partir de la fin desdites opérations, l'objet d'une surveillance dont la durée est au moins égale au temps d'incubation de la maladie envisagée.

Le navire est soumis à la surveillance pendant toute la durée de son séjour dans le port.

Art. 86. — Les mesures concernant les navires soit infectés, soit suspects, peuvent être atténuées par l'autorité sanitaire du port, s'il y a à bord un médecin sanitaire maritime, ainsi que des installations et un outillage sanitaire satisfaisants, et si le médecin certifie que les mesures de prophylaxie ont été convenablement pratiquées pendant la traversée.

Art. 87. — Les mesures prescrites par l'autorité sanitaire du port sont notifiées sans retard et par écrit au capitaine, sous réserve des modifications que des circonstances ultérieures pourraient rendre nécessaires.

Art. 88. — Un certificat spécifiant la cause et la nature des mesures prises est délivré par l'autorité du port au capitaine, à l'armateur ou à son agent, sur leur demande. Les passagers ont la faculté de réclamer un certificat indiquant la date de leur arrivée et les mesures auxquelles eux et leurs bagages ont été soumis.

Art. 89. — Tout navire soumis à l'isolement est tenu à l'écart dans un poste déterminé et surveillé par un nombre suffisant de gardes de la santé.

Art. 90. — Un navire infecté qui ne fait qu'une simple escale sans prendre pratique ou qui ne veut pas se soumettre aux obligations imposées par l'autorité du port est libre de reprendre la mer. Dans ce cas, la patente de santé lui est rendue avec un visa mentionnant les conditions dans lesquelles il part. Il peut être autorisé à débarquer ses marchandises, après que les précautions nécessaires ont été prises.

Il peut également être autorisé à débarquer les passagers qui en feraient la demande, à la condition que ceux-ci se soumettent aux mesures prescrites par l'autorité locale pour les navires infectés. Le navire peut embarquer des combustibles, des vivres et de l'eau, tout en restant isolé.

Art. 91. — Lorsqu'un navire suspect ou infecté se présente dans un port ne disposant pas, comme personnel ou matériel, des moyens sanitaires voulus, il est envoyé au port le plus voisin possédant ces moyens.

Art. 92. — Un navire étranger, à destination étrangère, qui se présente infecté dans un port, même pourvu des installations nécessaires, pour y être soumis à l'isolement, peut, s'il doit en résulter un danger pour les autres personnes déjà isolées, ne pas être admis à débarquer ses passagers, et être invité à continuer sa route pour sa prochaine destination, après avoir reçu tous les secours nécessaires.

Toutefois, les malades sont, autant que possible, débarqués suivant les disponibilités hospitalières locales.

Art. 93. — Les navires chargés d'émigrants, de pèlerins, de corps de troupes et, en général, tous les navires jugés dangereux par suite d'une agglomération d'hommes dans de mauvaises conditions, peuvent, en tout temps, être l'objet de précautions spéciales que détermine l'autorité sanitaire du port d'arrivée, sauf à en référer sans délai au Gouverneur et au Directeur de la Santé.

Art. 94. — Outre les diverses mesures spécifiées dans les articles qui précèdent, l'autorité sanitaire d'un port a le devoir, en présence d'un danger imminent et en dehors de toute prévision, de prescrire provisoirement telles mesures qu'elle juge indispensables pour garantir la santé publique, sauf à en référer, dans le plus bref délai, au Gouverneur et au Directeur de la Santé.

Art. 95. — Les Administrations locales peuvent, en tenant compte de leurs situations spéciales, et pour rendre plus efficace et moins gênante l'application des mesures sanitaires prévues, conclure avec les Etats riverains d'une même mer des accords particuliers qui seront soumis à l'approbation préalable des Gouvernements intéressés.

TITRE VII

DÉRATISATION ET DÉSINSECTISATION

Art. 96. — Tous les navires doivent être dératisés périodiquement ou être maintenus de façon permanente dans des conditions telles que la population murine y soit réduite au minimum. Ils reçoivent dans le premier cas des certificats de dératisation et dans le second, des certificats d'exemption de dératisation.

La durée de validité de ces certificats sera de six mois. Toutefois, une tolérance supplémentaire d'un mois est autorisée pour les navires rejoignant leur port d'attache.

La dératisation est exclusivement pratiquée au moyen d'appareils dont l'efficacité a été reconnue par le conseil supérieur d'hygiène publique de France.

Cette dératisation périodique sera faite le navire étant vide.

Art. 97. — L'opération porte sur les cales, les soutes, les cambuses, les postes d'équipage, les postes d'émigrants ou des passagers de 3e et 4e classes, et en général sur tous les compartiments intérieurs du navire. Les cabines des officiers et des passagers de 1re et de 2e classes, ainsi que les salles à manger et les salons qui leur sont affectés, ne sont soumis à la dératisation que dans la mesure où l'autorité sanitaire le juge utile, notamment lorsque le navire est suspect ou infecté de peste, et que l'on a constaté chez les rats du bord l'existence de cette maladie ou une mortalité insolite.

Art. 98. — Un certificat relatant les conditions dans lesquelles a été pratiquée l'opération est délivré au capitaine ou aux armateurs, par les soins du service sanitaire, qui fixe la forme du certificat.

Art. 99. — Les frais résultant de la dératisation sont à la charge de l'armement.

Art. 100. — Les ports munis d'appareils à dératisation sont seuls ouverts aux provenances des pays considérés comme contaminés de peste.

Art. 101. — Cette dératisation périodique ne peut, en aucun cas, dispenser le navire de la dératisation exceptionnelle prescrite lorsque le navire est infecté.

Art. 102. — Dans les cas prévus par les articles du présent décret où le navire doit être désinsectisé, cette opération ne différant de la dératisation que par la quantité de substance employée, il appartiendra à l'autorité sanitaire de déterminer les conditions dans lesquelles elle sera pratiquée.

TITRE VIII

STATIONS SANITAIRES

Art. 103. — Le service sanitaire maritime comprend des stations sanitaires ou lazarets établis dans les principaux ports, suivant décision du Chef de la Colonie.

Art. 104. — Les lazarets ou stations sanitaires sont des établissements disposés en vue de permettre l'exécution de l'ensemble des mesures applicables aux passagers, aux équipages et aux navires eux-mêmes, ainsi qu'à leur cargaison : contrôle médical, immunisations diverses, épouillage, désinfection et désinsectisation des effets, dératisation, isolement des malades et des supects.

Ces établissements auxquels est attaché un personnel suffisant (médecins, infirmiers, gens de service, gardes sanitaires, etc...), doivent être d'accès facile par tous les temps et posséder les installations nécessaires en vue de l'application des mesures prévues à l'alinéa ci-dessus. Les bâtiments doivent présenter les conditions hygiéniques voulues, être tenus en bon état d'entretien, munis de tout le matériel d'exploitation nécessaire, et toujours prêts à être utilisés.

Art. 105 . — Les malades reçoivent, dans les lazarets ou stations sanitaires, les soins médicaux et les secours religieux qu'ils trouveraient dans un établissement hospitalier ordinaire.

Les personnes venues du dehors, pour les visiter ou leur donner des soins, peuvent, en cas de contamination, être soumises à la surveillance sanitaire et vivre isolées.

Chaque malade a la faculté, sous les mêmes conditions, de se faire soigner par un médecin de son choix, et de se faire assister par un garde-malade de l'extérieur.

Art. 106. — Sont à la charge des personnes isolées :

1° Les frais de traitement, de médicaments et de nourriture, d'après un tarif fixé chaque année par arrêté du Chef de la Colonie. Les locaux doivent, autant que possible, permettre un classement par catégories correspondant à celles des malades traités dans les hôpitaux. Le tarif fixera les frais de séjour au lazaret selon la catégorie ;

2° Les honoraires des médecins et les salaires des gardes-malades, appelés du dehors par le malade, dans les conditions prévues au dernier paragraphe de l'article précédent. Ceux-ci seront réglés directement par les intéressés et n'entraîneront pas de réduction sur le tarif de la journée de séjour fixé par l'arrêté local.

Art. 107. — Pour les émigrants ou pour les personnes qui voyagent en vertu d'un contrat, les frais de traitement et de nourriture sont à la charge de l'armement. Pour les militaires, marins et fonctionnaires, ces frais incombent à l'autorité dont ils relèvent.

Les enfants au-dessous de sept ans et les indigents, voyageant isolément et non en vertu d'un contrat d'immigration, sont nourris et soignés gratuitement.

TITRE XI

PASSEPORTS SANITAIRES

Art. 108. — Dans le cas où il est prévu, par le présent règlement, qu'une personne doit être soumise à une surveillance, elle peut être autorisée à se rendre à son lieu de destination, mais l'autorité sanitaire, avant d'accorder cette permission, s'assurera qu'il est tout à fait probable que la personne à qui elle est accordée se soumettra aux conditions de la surveillance. A cet effet, la permission n'est accordée qu'aux conditions suivantes :

1° La personne intéressée doit indiquer à l'autorité sanitaire : son nom, son lieu de destination et son domicile ;

2° Elle doit consentir à se présenter et à se soumettre à la surveillance médicale pendant la période prescrite et dans les conditions qui lui seront fixées ;

3° La localité doit être jugée, par l'agent de la santé, en situation d'assurer convenablement la surveillance médicale.

Si la permission est accordée, il est délivré à la personne intéressée, par les soins du service sanitaire du port, un passeport sanitaire individuel qui doit être présenté par elle au médecin de l'Administration de son lieu de destination, le jour même de son arrivée audit lieu.

En même temps qu'elle délivre ce passeport à l'intéressé, l'autorité sanitaire adresse, par les voies les plus rapides, à l'autorité administrative (maire, chef de province, de circonscription, de district, de canton, commandant de cercle, etc...) de son lieu de destination, un avis confidentiel, qui sera transmis immédiatement au médecin de l'Administration dûment qualifié pour exercer son contrôle sur l'assujetti pendant la durée prévue par le passeport.

Si l'exécution des prescriptions imposées ne paraît pas devoir être assurée dans des conditions satisfaisantes, ou si la personne intéressée refuse de se conformer aux dispositions des alinéas 1 et 2 ci-dessus, l'autorité sanitaire peut la retenir en observation ou la diriger sur un endroit désigné, pour être soumise à la surveillance médicale pendant la période déterminée.

Art. 109. — Dans tous les cas où la surveillance est prescrite par le présent règlement, elle ne peut être appliquée qu'exceptionnellement aux indigènes et aux indigents de toute nationalité, lesquels doivent être soumis à l'observation, à moins qu'ils ne présentent les références ci-dessus spécifiées et que celles-ci ne soient trouvées suffisantes.

Le embarcations et goëlettes, montées et armées par des natifs sont soumises, dans les cas visés aux articles 42 à 55, à une observation, dont la durée est fixée par l'autorité sanitaire en conformité des prescriptions contenues dans lesdits articles ; elles sont groupées dans des postes sanitaires, les papiers de bord leur sont retirés. En cas de peste, de choléra de typhus exanthématique ou de variole, ces embarcations, les effets à usage des passagers et de l'équipage, les marchandises et objets susceptibles de contamination sont soumis obligatoirement à la désinfection.

TITRE X

AUTORITÉ SANITAIRES

Art. 110. — Le service sanitaire est placé dans les attributions du chef du Service de Santé de la Colonie.

Le chef du Service de Santé est Directeur de la Santé.

La police sanitaire du littoral est exercée par les agents sanitaires placés sous l'autorité du Directeur de la Santé.

Art. 111. — Les agents sanitaires sont :

1° Les agents principaux de la Santé ;
2° Les agents ordinaires de la Santé ;
3° Les sous-agents de la Santé ;
4° Les médecins des lazarets ;
5° Les gardes sanitaires ;
6° Les gardiens des lazarets.

Art. 112. — Le Directeur de la Santé est chargé de la direction et de l'inspection des services sanitaires maritimes de la colonie. Il donne des instructions à tous les ports de la colonie pour la délivrance et le visa des patentes de santé. Les mentions portées sur ces patentes sont reportées sur un registre spécial tenu à la direction de la Santé.

Art. 113. — Le Directeur de la Santé provoque et reçoit directement les ordres du Chef de la Colonie, pour toutes questions intéressant la santé publique.

Art. 114. — Le Directeur de la Santé doit se tenir constamment et exactement renseigné sur l'état sanitaire de la colonie et des pays étrangers avec lesquels celle-ci est en relations. Le Chef de la Colonie lui remet sans retard tous les renseignements qui lui parviennent à cet égard.

Art. 115. — En cas de circonstance menaçante et imprévue, le Directeur de la Santé peut prendre d'urgence telle mesure qu'il juge propre à garantir la santé publique, sous réserve d'en référer immédiatement au chef de la colonie.

Art. 116. — Le Directeur de la Santé adresse, chaque mois, au Chef de la Colonie, un rapport faisant connaître l'état sanitaire de la colonie, et résumant les diverses informations relatives à la santé publique, dans les pays étrangers en relations avec des ports, ainsi que les mesures sanitaires auxquelles ont été soumises les provenances desdits pays. Ce rapport est accompagné d'un état des navires ayant motivé des mesures spéciales.

Le Directeur de la Santé avertit immédiatement le chef de la colonie de tout fait grave intéressant la santé publique de la colonie ou des pays étrangers en relations avec celle-ci. Il reçoit les rapports sanitaires émanant de ces pays.

Art. 117. — Le Directeur de la Santé propose toutes les modifications qu'il croit utile d'apporter aux règlements en vigueur.

Art. 118. — Les agents principaux de la Santé sont choisis parmi les médecins civils ou militaires, offrant toutes les garanties désirables pour remplir les fonctions de médecins sanitaires maritimes.

Ils sont les seconds du Directeur de la Santé et le représentent dans leurs circonscriptions sanitaires dont les limites sont fixées par des décisions de l'autorité locale.

Art. 119. — Les agents principaux, chacun pour la partie du littoral dont la surveillance lui est confiée, assurent suivant les instructions et sous le contrôle du Directeur de la Santé l'application des règlements sanitaires.

A cet effet, ils reconnaissent l'état sanitaire des provenances et leur donnent le titre pratique, s'il y a lieu. Ils font exécuter les règlements ou les décisions qui déterminent les mesures d'isolement et les précautions particulières auxquelles les navires infectés ou suspects sont soumis. Ils s'opposent par tous les moyens en leur pouvoir, aux infractions aux règlements sanitaires et constatent les contraventions par procès-verbal. Dans les cas urgents et imprévus, ils pourvoient aux dispositions provisoires qu'exige la protection de la santé publique, sauf à en référer immédiatement et directement au Directeur de la Santé. Ils délivrent ou visent les patentes de santé pour les ports dans lesquels ils résident ; ils s'assurent que toutes mentions portées sur les patentes sont relatées in extenso sur le registre ouvert à cet effet.

Ils adressent, tous les mois, au Directeur de la Santé, un rapport sur l'état sanitaire et la marche du service dans leur circonscription, ainsi que le relevé des annotations portées par eux sur les patentes.

Art. 120. — Sur certains points du littoral, l'exécution des prescriptions sanitaires peut être confiée à des agents ordinaires de la Santé, lesquels sont choisis parmi les médecins civils ou militaires, offrant toutes les garanties désirables pour exercer ces fonctions.

Art. 121. — Les agents ordinaires de la Santé sont chargés de la délivrance et du visa des patentes, de l'arraisonnement des navires et de l'exécution des mesures quarantenaires, dans les stations sanitaires des ports où ils résident.

Ils reçoivent directement les instructions du Directeur de la Santé et de l'agent principal de leur circonscription sanitaire et sont tenus de s'y conformer.

Art. 122. — Les médecins chefs des établissements (hôpitaux, ambulances, infirmeries-ambulances, postes médicaux) sont nommés agents ordinaires de la Santé, par le Directeur de la Santé, en conformité des ordres du Chef de la colonie.

Les médecins des troupes sont nommés agents principaux ou agents ordinaires de la Santé par le Chef de la colonie, sur la présentation du Directeur de la Santé, après entente avec le Commandant des Troupes.

Les médecins civils sont nommés agents principaux ou agents ordinaires de la Santé par le Chef de la colonie, sur la présentation du Directeur de la Santé.

Art. 123. — Dans les ports, les officiers de port et les pilotes sont sous-agents de la Santé et, à ce titre, il relèvent du Directeur et de l'agent principal de la Santé dont ils reçoivent directement les instructions.

Art. 124. — Sur les autres points du littoral, les sous-agents de la Santé sont choisis, autant que possible, parmi les agents des Douanes. Ils sont nommés par l'autorité locale, sur la présentation du Directeur de la Santé, après entente avec le Chef d'Administration ou de service dont ils relèvent.

Ils reçoivent directement leurs instructions des agents ordinaires de la Santé.

Des embarcations sont mises à leur disposition pour l'exécution du service sanitaire.

Art. 125. — La police intérieure d'un lazaret est exercée par un médecin, qui ne réside au lazaret que lorsque les circonstances l'exigent et sur un ordre du Directeur de la Santé.

Art. 126. — Le médecin d'un lazaret est nommé par le Directeur de la Santé, en conformité des ordres du Chef de la colonie.

Il est chargé de soigner et de visiter gratuitement les quarantenaires, de constater leur état de santé, à l'expiration de la quarantaine et de veiller à l'exécution de toutes les mesures quarantenaires prescrites.

Il a sous ses ordres le gardien et tous les agents attachés au lazaret ; il correspond directement avec l'agent principal du port et le Directeur de la Santé pour toutes les questions de service.

Art. 127. — Les gardes sanitaires sont nommés par l'autorité locale sur la présentation du Directeur de la Santé.

Dans l'exercice de leurs fonctions, ils portent des insignes les faisant reconnaître.

Ils sont subordonnés, suivant le cas, aux divers représentants de l'autorité chargés de l'exécution du service sanitaire.

Art. 128. — Les gardes sanitaires sont employés, soit à bord des navires, soit dans les lazarets, soit dans les endroits affectés à des quarantenaires ; chargés d'exercer la police, ils veillent à l'exécution des mesures prescrites par l'autorité sanitaire.

Ils dressent contravention contre tout délinquant.

Ils s'opposent à toute communication entre les personnes mises en quarantaine et le dehors ; ils empêchent toute personne étrangère à la quarantaine d'approcher des lieux d'isolement au delà des limites fixées par les règlements.

Ils saisissent immédiatement et mettent en quarantaine quiconque aurait communiqué avec les quarantenaires.

Ils rendent compte à leur chef de tout ce qu'ils peuvent apprendre d'intéressant, au point de vue sanitaire.

Art. 129. — Le gardien du lazaret réside dans l'établissement ; il est nommé par l'autorité local, sur la présentation du Directeur de la Santé.

Il est subordonné au médecin du lazaret ; il est, en outre, garde sanitaire et a sous ses ordres les gardes sanitaires en service au lazaret.

Il est soumis à toutes les obligations des gardes sanitaires.

Art. 130. — En vue des inspections et interrogatoires sanitaires auxquels ils procèdent et des procès-verbaux de contravention qu'ils peuvent avoir à dresser, les Directeurs de la Santé, agents et sous-agents sanitaires, médecins, gardiens de lazarets et gardes sanitaires, prêtent serment devant le tribunal civil de leur résidence dès leur entrée en fonctions. Cette disposition ne s'applique pas aux agents des Douanes chargés de fonctions sanitaires et déjà assermentés au titre de la douane.

TITRE XI

Médecins sanitaires maritimes.

Art. 131, — Tout bâtiment à vapeur français, affecté au service postal d'au moins cent voyageurs européens, qui fait un trajet maritime dont la durée, escales comprises, dépasse quarante-huit heures, est tenu d'avoir un médecin sanitaire maritime.

Les médecins sanitaires maritimes, prévus à l'article 110 du décret du 21 septembre 1908, modifié par l'article 1er du décret du 16 septembre 1926, sont recrutés et régis d'après le décret du 8 octobre 1927 sur la police sanitaire maritime.

Art. 132. — Le médecin sanitaire maritime a pour devoir d'user de tous les moyens que la science et l'expérience mettent à sa disposition :

a) Pour préserver le navire des maladies transmissibles ;

b) Pour empêcher ces maladies, lorsqu'elles viennent à faire leur apparition à bord, de se propager parmi le personnel confié à ses soins et dans les populations des divers ports touchés par le navire.

Art. 133. — Le médecin sanitaire maritime s'oppose à l'introduction sur le navire, des personnes ou des objets susceptibles de provoquer à bord une maladie contagieuse, conformément aux dispositions du présent règlement.

Art. 134. — Le médecin sanitaire maritime fait observer à bord les règles de l'hygiène. Il veille à la santé du personnel, passagers et équipage, et leur donne des soins en cas de maladie.

Art. 135. — Le médecin sanitaire maritime se concerte avec le capitaine pour l'application des dispositions contenues dans le présent décret.

En cas d'invasion à bord d'une maladie transmissible avérée ou suspecte, il prévient immédiatement le capitaine, et assure, d'accord avec lui, les mesures de préservation nécessaires.

Art. 136. — Le médecin sanitaire maritime inscrit, jour par jour, sur un registre, toutes les circonstances de nature à intéresser la santé du bord.

Il mentionne les dates d'invasion, de guérison ou de terminaison par la mort, de tous les cas de maladies contagieuses, avec indication des détails nécessaires que comporte la nature de chaque cas.

A chaque escale ou relâche, il consigne sur son registre, la date de l'arrivée et celle du départ, ainsi que les renseignements qu'il a pu recueillir sur l'état de la santé publique dans le port et ses environs.

Il inscrit, sur le même registre, les mesures prises pour l'isolement des malades, la désinfection des déjections, la destruction, la désinfection ou la désinsectisation des hardes, des effets à usage, du linge et des objets de literie ayant servi, la désinfection des locaux ; il indique la nature, les doses, le mode d'emploi des substances désinfectantes ou désinsectisantes et la date de chaque opération.

Art. 137. — Le médecin sanitaire maritime est tenu, à l'arrivée dans un port de nos colonies, de communiquer son registre à l'autorité sanitaire, qui ne statue qu'après en avoir pris connaissance.

Il répond à l'interrogatoire de celle-ci et lui fournit de vive voix, ou par écrit, si elle l'exige, tous les renseignements qu'elle demande.

Art. 138. — Les déclarations du médecin sanitaire maritime sont faites sous la foi du serment.

Le délit de fausse déclaration est poursuivi conformément aux lois.

Art. 139. — Dans le cas d'infraction aux règlements sanitaires ou de non exécution des devoirs résultant de ses fonctions ou lorsque le médecin sanitaire maritime cesse de répondre à l'une quelconque des conditions mises à l'exercice de ses fonctions par les règlements en vigueur, il en est rendu compte par le Gouverneur ou Commissaire de la République au Ministre des Colonies. Celui-ci transmet la plainte au Ministre du Travail, de l'Hygiène, de l'Assistance et de la Prévoyances sociales pour qu'il soit statué dans les conditions prévues par l'article 97 du décret du 8 octobre 1927, portant règlement de police sanitaire maritime, sur sa radiation à titre temporaire ou définitif.

Dans le cas où il s'agirait d'un médecin remplissant en fait les fonctions de médecin sanitaire maritime embarqué sur un navire faisant exclusivement des traversées de port à port, dans la colonie ou entre la colonie et les pays voisins, il appartiendra au Gouverneur ou au Commissaire de la République de le suspendre de son emploi, à titre temporaire ou définitif. Il en est rendu compte au Ministre des Colonies.

Art. 140. — Le capitaine d'un navire ne pouvant justifier de la présence à bord d'un médecin sanitaire maritime embarqué, conformément aux règlements en vigueur, ou d'un motif d'empêchement légitime, est passible, à son arrivée dans un port de nos colonies, des pénalités édictées par la loi, sans préjudice des mesures sanitaires, exceptionnelles, auxquelles le navire peut être assujetti, pour ce motif, et des poursuites qui pourraient être exercées en cas de fraude.

Art. 141. — Sur les navires qui n'ont pas de médecin sanitaire maritime, les renseignements relatifs à l'état sanitaire et aux communications en mer sont recueillis par le capitaine, et inscrits par lui sur le livre de bord.

TITRE XII

Navires de la marine de guerre.

Art. 142. — Les dispositions du présent règlement concernant les mesures à prendre au départ et à l'arrivée des navires ne sont pas applicables aux bâtiments de la marine de guerre française.

Toutefois, si des cas de maladies transmissibles ont été observés pendant la traversée, ou existent lors de l'arrivée du navire dans un port de nos colonies, pays de protectorat ou pays sous mandat, la déclaration en sera faite à l'autorité sanitaire de ce port, qui sera invitée à collaborer, dans l'intérêt de la santé publique, avec les services compétents de la marine.

TITRE XIII

Droits sanitaires.

Art. 143. — Le mode d'assiette, les règles de perception et la quotité des droits sanitaires sont établis, au profit du budget, dans les formes prescrites par la législation en vigueur sur le régime financier des colonies, et d'après des tarifs établis sur les bases prévues par le décret du 8 octobre 1927 portant règlement de police sanitaire maritime.

TITRE XIV

Conseils sanitaires.

Art. 144. — Il est institué, dans les ports ouverts au commerce, un Conseil sanitaire appelé à connaître des questions quarantenaires et de la Police sanitaire maritime. Il en existe au moins un par circonscription sanitaire.

Art. 145. — Les Conseils sanitaires représentent les intérêts locaux ; ils sont composés de divers éléments administratifs, militaires, scientifiques, commerciaux, qui peuvent le mieux concourir à émettre un jugement éclairé dans les questions maritimes concernant la santé publique.

La composition des Conseils est fixée, pour chaque colonie, pays de protectorat, ou pays sous mandat, par arrêté du Chef de la colonie ou du Commissaire de la République.

Les membres élus des Conseils sanitaires sont nommés pour un an ; ils sont rééligibles.

Les Conseils nomment un vice-président, appelé à suppléer le président en cas d'empêchement.

Art. 146. — En Indochine et dans les pays de protectorat, les résidents et vice-résidents, dans les pays sous mandat, les commissaires de la République, dans nos autres possessions coloniales, les secrétaires généraux ou leurs délégués sont présidents de droit des Conseils sanitaires.

Dans chaque circonscription sanitaire, l'Administrateur ou le Chef de la circonscription est président de droit du Conseil sanitaire.

Dans les circonscriptions où il existe une municipalité, le Maire est président de droit du Conseil sanitaire.

Art. 147. — Les présidents des Conseils sanitaires pourront inviter aux séances du Conseil, par l'intermédiaire du Chef de la colonie ou des territoires sous mandat, les consuls des pays intéressés aux questions qui y sont mises en délibération.

Art. 148. — Les Conseils sanitaires ont des réunions périodiques dont le nombre est fixé par le Chef de la Colonie.

Ils sont convoqués d'urgence, toutes les fois que les circonstances paraissent l'exiger.

Le procès-verbal de chaque séance est transmis par les soins du président au Chef de la colonie.

Les Conseils sanitaires exercent une surveillance générale sur le service de leurs circonscriptions. Ils n'ont à connaître que de la police sanitaire maritime.

TITRE XV

Attributions des autorités sanitaires en matière de police judiciaire et d'état-civil.

Art. 149. — Les autorités sanitaires qui, en exécution des articles 17 et 18 de la loi du 3 mars 1822, peuvent être appelées à exercer les fonctions d'officier de police judiciaire sont :

1° Le Directeur de la Santé ;
2° Les agents principaux de la Santé ;
3° Les agents ordinaires de la Santé.

A cet effet, ces divers agents prêtent serment, au moment de leur nomination, devant le tribunal civil de leur résidence, ainsi qu'il est prescrit à l'article 130 du présent décret.

Art. 150. — Les mêmes autorités sanitaires exercent les fonctions d'officier de l'état-civil, conformément à l'article 19 de la loi du 3 mars 1822.

Art. 151. — Au cas où il se produirait une infraction pour laquelle l'autorité sanitaire n'est pas exclusivement compétente, celle-ci procédera suivant les articles 35 et 54 du code d'instruction criminelle.

TITRE XVI

Recouvrement des amendes.

Art. 152. — En cas de contravention à la loi du 3 mars 1822, dans un port, rade ou mouillage des colonies, pays de protectorat ou pays sous mandat, le navire est provisoirement retenu et le procès-verbal est immédiatement porté à la connaissance du capitaine du port ou de toute autre autorité en tenant lieu, qui ajourne la délivrance du billet de sortie, jusqu'à ce qu'il ait été satisfait aux prescriptions mentionnées dans l'article suivant.

Art. 153. — L'agent verbalisateur arbitre provisoirement, conformément au tarif arrêté par l'autorité locale, le montant de l'amende en principal et décimes, ainsi que les frais du procès-verbal ; il en prescrit la consignation immédiate à la caisse de l'agent chargé de la perception des droits sanitaires, à moins qu'il ne soit présenté à ce comptable une caution solvable.

Celui-ci, en cas d'acquittement, remboursera à l'ayant-droit la somme consigné.

Si, au contraire, il y a condamnation, il versera cette somme au trésorier-payeur, qui aura pris charge de l'extrait de jugement ou il fera connaître à ce comptable le nom et le domicile de la caution présentée.

Art. 154. — Le contrevenant est tenu d'élire domicile dans la résidence, ou au siège de l'administration locale, ou à la mairie du lieu où la contravention a été constatée, à défaut, par lui, d'élection de domicile, toute notification lui est valablement faite à la résidence, ou au siège de l'administration locale, ou à la mairie de la localité où la contravention a été commise.

TITRE XVII

Dispositions complémentaires.

Art. 155. — Les Chambres de Commerce, les capitaines ou patrons de navires arrivant de l'étranger, les dépositaires de l'autorité publique, soit au dehors, soit au dedans et généralement. toutes les personnes ayant des renseignements de nature à intéresser la santé publique, sont invitées à les communiquer à l'autorité sanitaire.

Art. 156. — Des règlements particuliers établis par les Gouverneurs ou Commissaires de la République et soumis à l'approbation du Département, déterminent, s'il y a lieu, pour chaque port en tenant compte des ressources ou des nécessités locales, les conditions spéciales de police sanitaire qui lui sont applicables en vue d'assurer l'exécution du présent règlement général.

Art. 157. — Les prévisions de dépenses pour l'année sont fournies, en temps utile, par le Directeur de la Santé, de façon à permettre l'inscription au budget local.

Aucune dépense ne peut être effectuée, ni engagée, en dehors de ce budget, sans une autorisation du Chef de la colonie.

Art. 158. — Pour l'exécution du présent décret, les définitions ci-après fixées par la convention sanitaire internationale du 21 juin 1926 doivent être adoptées :

1° Le mot « circonscription » désigne une partie de territoire bien déterminée : ainsi, une province, un gouvernement, un district, un canton, une île, une commune, une ville, un quartier de ville, un port, une agglomération, etc... quelles que soient l'étendue et la population de ces portions de territoire ;

2° Le mot « observation » signifie isolement des personnes soit à bord d'un navire, soit dans une station sanitaire avant qu'elles obtiennent la libre pratique ;

3° Le mot « surveillance » signifie que les personnes ne sont pas isolées, qu'elles obtiennent tout de suite la libre pratique, mais sont signalées à l'autorité sanitaire dans les diverses localités où elles se rendent, et soumises à un examen médical constatant leur état de santé ;

4° Le mot « équipage » comprend toute personne qui ne se trouve pas à bord à seule fin de se transporter d'un pays à un autre, mais qui est employée d'une manière quelconque au service du navire des personnes à bord, ou de la cargaison ;

5° Le mot « jour » signifie un intervalle de vingt-quatre heures.

Art. 159. — Sont abrogés tous les décrets et règlement contraires au présent décret et notamment le décret du 7 juin 1922.

Art. 160. — Le Ministre des Colonies est chargé de l'exécution du présent décret, qui sera pulbié au *Journal officiel* de la République française, au *Journal officiel* de chaque colonie, pays de protectorat ou territoire africain sous mandat et inséré au *Bulletin officiel* du Ministère des Colonies.

Fait à Paris, le 27 décembre 1928.

Gaston DOUMERGUE.

Par le Président de la République :

Le Ministre des Colonies,

André Maginot

Hanoi. — Imp. d'Extrême-Orient. — 14911

www.ingramcontent.com/pod-product-compliance
Ingram Content Group UK Ltd.
Pitfield, Milton Keynes, MK11 3LW, UK
UKHW021517260726
13993UKWH00004B/1727

9 782329 176802